Dr. K. R. Martin

Manual de laboratório de programação C++

Dr. K. R. Martin

Manual de laboratório de programação C++

Guia prático

ScienciaScripts

Imprint
Any brand names and product names mentioned in this book are subject to trademark, brand or patent protection and are trademarks or registered trademarks of their respective holders. The use of brand names, product names, common names, trade names, product descriptions etc. even without a particular marking in this work is in no way to be construed to mean that such names may be regarded as unrestricted in respect of trademark and brand protection legislation and could thus be used by anyone.

Cover image: www.ingimage.com

This book is a translation from the original published under ISBN 978-620-6-77378-8.

Publisher:
Sciencia Scripts
is a trademark of
Dodo Books Indian Ocean Ltd. and OmniScriptum S.R.L publishing group

120 High Road, East Finchley, London, N2 9ED, United Kingdom
Str. Armeneasca 28/1, office 1, Chisinau MD-2012, Republic of Moldova, Europe
Managing Directors: Ieva Konstantinova, Victoria Ursu
info@omniscriptum.com

Printed at: see last page
ISBN: 978-620-8-59183-0

Conteúdo

Prefácio

Bem-vindo ao Manual de Laboratório de Programação C++, um guia completo concebido para melhorar a sua compreensão e proficiência em programação C++. Este manual foi concebido para alunos de todos os níveis, quer seja um principiante a aventurar-se na programação ou um programador experiente que procura aperfeiçoar as suas competências.

Objetivo e âmbito de aplicação

O principal objetivo deste manual é fornecer uma abordagem prática e prática à aprendizagem de C++. Ao participar em exercícios de laboratório e projectos, será capaz de aplicar conceitos teóricos em cenários do mundo real. Cada sessão é cuidadosamente estruturada para se basear nas anteriores, garantindo uma experiência de aprendizagem coesa e progressiva.

Estrutura

O manual está organizado em várias secções, cada uma focando um aspeto diferente da programação C++. Começando com os conceitos básicos, como a sintaxe e os tipos de dados, avançamos gradualmente para tópicos mais avançados, incluindo programação orientada para objectos, estruturas de dados e tratamento de ficheiros. Cada secção inclui:

- **Objectivos:** Metas claras que descrevem o que vai aprender e realizar.
- **Teoria:** Uma panorâmica concisa da base teórica necessária.
- **Exercícios:** Exercícios práticos passo a passo para aplicar os conceitos.
- **Projectos:** Problemas e cenários do mundo real para resolver, promovendo o pensamento crítico e a capacidade de resolução de problemas.

Ferramentas e recursos

Para maximizar os benefícios deste manual, é necessário ter acesso a um ambiente de desenvolvimento C++. Recomendamos o uso da versão mais recente de um compilador C++, juntamente com um ambiente de desenvolvimento integrado (IDE), como o Visual Studio, Code::Blocks ou Eclipse. São fornecidos recursos adicionais, incluindo exemplos de código e conjuntos de dados, para apoiar o seu percurso de aprendizagem.

Resultados da aprendizagem

No final deste manual, o utilizador terá uma sólida compreensão da programação C++ e será capaz de:

- Escrever e depurar programas C++ de forma eficiente.
- Compreender e implementar várias estruturas de dados e algoritmos.
- Desenvolver aplicações C++ para uma variedade de objectivos, incluindo software de sistema, desenvolvimento de jogos e software de aplicação.

Agradecimentos

Agradecemos sinceramente aos colaboradores e revisores que forneceram comentários e sugestões inestimáveis , ajudando a aperfeiçoar e melhorar este manual. Também expressamos a nossa gratidão à comunidade de código aberto pelos seus esforços contínuos no desenvolvimento e manutenção do ecossistema C++.

Conclusão

Esperamos que este Manual de laboratório de programação C++ seja um recurso valioso na sua jornada de programação. À medida que vai trabalhando nos exercícios e projectos, encorajamo-lo a experimentar, fazer perguntas e explorar para além do conteúdo fornecido. Boa programação!

PARTE I

Programação C++

RESOLVER O PROBLEMA DA TORRE DE HANÓI UTILIZANDO A RECURSÃO

Objetivo

Escreva um programa simples em C++ para resolver o problema da Torre de Hanói utilizando recursão.

Programa

```
#include <iostream>
utilizando o espaço de nomes std;
voidmoveDisks(int n, char from_peg, char to_peg, char aux_peg) {
se (n == 1) {
cout<< "Mover o disco 1 de " <<from_peg<< " para " <<to_peg<< endl;
regresso;
}
moveDisks(n - 1, from_peg, aux_peg, to_peg);
cout<< "Mover o disco " << n << " de " <<from_peg<< " para " <<to_peg<<
endl;
moveDisks(n - 1, aux_peg, to_peg, from_peg);
}
int main() {
int n;
cout<< "Introduza o número de discos: ";
cin>> n;
moveDisks(n, 'A', 'C', 'B');
retorno 0;
}
```

Saída

Se introduzir 3 quando lhe for pedido o número de discos, o programa apresentará a sequência de movimentos da seguinte forma:

Introduzir o número de discos: 3

Mover o disco 1 de A para C

Mover o disco 2 de A para B

Mover o disco 1 de C para B

Mover o disco 3 de A para C

Mover o disco 1 de B para A

Mover o disco 2 de B para C

Mover o disco 1 de A para C

Explicação

A Torre de Hanói é um problema clássico de recursão em que temos três pinos e vários discos de diferentes tamanhos que podem deslizar para qualquer pino. O puzzle começa com os discos empilhados por ordem crescente de tamanho numa cavilha, com o mais pequeno no topo, formando uma cónica.

Passos:

1. **Caso base**: Se houver apenas um disco, mova-o do pino de origem para o pino de destino.
2. **Caso Recursivo**:
   - Mova os n-1 discos superiores do pino de origem para o pino auxiliar utilizando o pino de destino.
   - Mover o enésimo disco da cavilha de origem para a cavilha de destino.
   - Mova os n-1 discos do pino auxiliar para o pino de destino utilizando o pino de origem.

Ao decompor o problema desta forma, resolvemos recursivamente subconjuntos mais pequenos do problema até chegar ao caso base. Esta abordagem recursiva garante que todos os discos são movidos do pino de origem para o pino de destino na ordem correta.

PARTE II

PARA PERCORRER UMA ÁRVORE DE PESQUISA BINÁRIA (BST) UTILIZANDO DIFERENTES MÉTODOS DE PERCURSOS: EM ORDEM, PRÉ-ORDEM E PÓS-ORDEM

Objetivo

Escreva um programa simples em C++ para percorrer uma árvore de pesquisa binária (BST) utilizando diferentes métodos de percursos: Em-ordem, Pré-ordem e Pós-ordem.

Programa

```
#include <iostream>
utilizando o espaço de nomes std;
struct Nó {
dados int;
Nó* esquerdo;
Nó* direito;
Nó(intval) : data(val), left(nullptr), right(nullptr) {}
};
classe BST {
público:
Nó* raiz;
BST() : root(nullptr) {}
void insert(int data) { root = insertRec(root, data);
}
voidinorder() { inorderRec(root);
cout<< endl;
}
voidpreorder() { preorderRec(root);
cout<< endl;
}
voidpostorder() { postorderRec(root); cout<< endl;
```

```
}
privado:
Node* insertRec(Node* node, int data) { if (node == nullptr) { return new
Node(data);
}
se (dados < nó->dados) {
nó->esquerda = insertRec(nó->esquerda, dados);
} else {
nó->direita = insertRec(nó->direita, dados);
}
nó de retorno;
}
voidinorderRec(Node* node) {
se (nó == nullptr) return;
inorderRec(nó->esquerda);
cout<< nó->dados << " ";
inorderRec(nó->direita);
}
voidpreorderRec(Node* node) { if (node == nullptr) return;
cout<< nó->dados << " ";
preorderRec(node->left);
preorderRec(nó->direita);
}
voidpostorderRec(Node* node) { if (node == nullptr) return;
postorderRec(nó->esquerda);
postorderRec(nó->direita);
cout<< nó->dados << " ";
}
};
int main() {
```

```
BST tree; tree.insert(50); tree.insert(30); tree.insert(20); tree.insert(40);
tree.insert(70); tree.insert(60); tree.insert(80); cout<< "In-order traversal: ";
tree.inorder();
cout<< "Percurso pré-ordenado: ";
tree.preorder();
cout<< "Travessia pós-ordem: ";
tree.postorder();
retorno 0;
}
```

Saída:

Percurso por ordem: 20 30 40 50 60 70 80

Percurso pré-ordenado: 50 30 20 40 70 60 80

Percurso pós-ordem: 20 40 30 60 80 70 50

Explicação

Estrutura do nó

- **Nó**: Representa um nó na árvore de pesquisa binária, com dados, ponteiro esquerdo e ponteiro direito.

Classe BST

- **raiz**: Nó raiz da árvore.
- **inserir**: Método público para inserir dados na árvore.
- **inorder**: Método público para imprimir a travessia por ordem.
- **pré-ordem**: Método público para imprimir a travessia de pré-encomenda.
- **postorder**: Método público para imprimir a travessia pós-ordem.

Métodos privados

- **insertRec**: Insere recursivamente dados na árvore. Se o nó atual for nullptr, cria um novo nó. Caso contrário, insere dados na subárvore esquerda ou direita com base na comparação.
- **inorderRec**: Executa recursivamente a travessia por ordem (Leit, Root, Right).
- **preorderRec**: Executa recursivamente a travessia de pré-ordem (Raiz,

Esquerda, Direita).

- **postorderRec**: Executa recursivamente a travessia pós-ordem (Esquerda, Direita, Root).

Função principal

- **tree.insert**: Insere nós na árvore.
- **tree.inorder**: Imprime a travessia em ordem.
- **tree.preorder**: Imprime a travessia de pré-ordem.
- **tree.postorder**: Imprime a travessia pós-ordem.

O programa demonstra diferentes métodos de percorrer a árvore, ajudando a visualizar a estrutura e a ordem dos elementos na BST.

PARTE III

PARA EFECTUAR VÁRIAS OPERAÇÕES NUMA PILHA UTILIZANDO UMA LISTA LIGADA

Objetivo

Escreva um programa simples em C++ para efetuar várias operações numa pilha utilizando uma lista ligada.

Programa

```
#include <iostream>
utilizando o espaço de nomes std;
struct Nó {
dados int;
Nó* seguinte;
Nó(intval) : data(val), next(nullptr) {}
};
classe Pilha {
público:
Nó* topo;
Stack() : top(nullptr) {}
void push(int data) {
Nó* novoNó = novo Nó(dados);
newNode->next = top;
top = newNode;
cout<< "Empurrou " << dados << " para a pilha." <<endl;
}
void pop() {
se (isEmpty()) {
cout<< "Subfluxo da pilha. Não é possível abrir uma pilha vazia." <<endl;
return;
}
Nó* temp = top;
```

```
top = top->próximo;
cout<< "Popped " << temp->data << " from the stack." <<endl;
eliminar temp;
}
int peek() {
se (isEmpty()) {
cout<< "A pilha está vazia. Nada para espreitar." <<endl;
return -1; // Assumindo que a pilha contém apenas números inteiros positivos.
}
return top->data;
}
boolisEmpty() { return top == nullptr;
}
void display() {
se (isEmpty()) {
cout<< "A pilha está vazia." <<endl; return;
}
Nó* temp = top;
while (temp !=  nullptr) { cout<< temp->data << " "; temp = temp->next;
} cout<< endl;
} };
int main() {
Pilha de pilha;
stack.push(10);
stack.push(20);
stack.push(30);
cout<< "Pilha depois de empurrar: ";
stack.display();
cout<< "O elemento superior é: " <<stack.peek() <<endl;
pilha.pop();
```

```
cout<< "Pilha após pop: ";
stack.display();
cout<< "O elemento superior é: " <<stack.peek() <<endl;
retorno 0;
}
```

Saída

```
Empurrou 10 para a pilha.
Empurrou 20 para a pilha.
Empurrou 30 para a pilha.
Pilha após empurrões: 30 20 10
O elemento superior é: 30
Retirou 30 da pilha.
Pilha após pop: 20 10
O elemento superior é: 20
```

Explicação

Estrutura do nó

- **Nó**: Representa um elemento na pilha com dados e um ponteiro para o nó seguinte (next).

Classe de pilha

- **topo**: Ponteiro para o elemento superior da pilha.
- **push**: Adiciona um novo elemento ao topo da pilha.
- **pop**: Remove o elemento superior da pilha.
- **espreitar**: Devolve o elemento do topo sem o remover.
- **isEmpty**: Verifica se a pilha está vazia.
- **display**: Imprime todos os elementos da pilha, de cima para baixo.

Métodos

- **push(int data)**: Cria um novo nó com os dados fornecidos, define seu próximo ponteiro para o topo atual e atualiza o ponteiro do topo para o novo nó.
- **pop()**: Verifica se a pilha está vazia; se não estiver, remove o nó do topo e actualiza o ponteiro do topo para o nó seguinte.

- **peek()**: Retorna os dados do nó superior se a pilha não estiver vazia; caso contrário, imprime uma mensagem indicando que a pilha está vazia.
- **isEmpty()**: Retorna true se o ponteiro de topo for nullptr, indicando que a pilha está vazia; caso contrário, retorna false.
- **display()** : Itera através dos nós da pilha, imprimindo os dados de cada nó de cima para baixo.

Função principal

- Demonstra a utilização da pilha, efectuando uma série de operações push e pop e apresentando o conteúdo da pilha após cada operação.
- Coloca 10, 20 e 30 na pilha.
- Apresenta o conteúdo da pilha.
- Espreita o elemento superior.
- Abre o elemento superior.
- Apresenta novamente o conteúdo da pilha.
- Espreita novamente o elemento superior.

O programa fornece uma implementação básica de operações de pilha usando uma lista ligada, mostrando como os elementos podem ser adicionados e removidos da pilha, mantendo a ordem do último a entrar, primeiro a sair (LIFO).

PARTE IV

PARA EFECTUAR VÁRIAS OPERAÇÕES NUMA FILA CIRCULAR

Objetivo

Escreva um programa simples em C++ para efetuar várias operações numa fila circular.

Programa

```
#include <iostream>
utilizando o espaço de nomes std;
classCircularQueue {
privado:
int dianteira, traseira, tamanho;
int* fila;
público:
CircularQueue(int s) {
frente = retaguarda = -1;
tamanho = s;
fila = novo int[tamanho];
}
~CircularQueue() {
eliminar[] fila;
}
voidenqueue(int value) {
se ((frente == 0 && traseira == tamanho - 1) || (traseira == (frente - 1) %
(tamanho - 1))) { cout<< "A fila está cheia" <<endl;
regresso;
} else if (front == -1) { // Inserir o primeiro elemento
frente = retaguarda = 0;
fila[traseira] = valor;
} else if (traseira == tamanho - 1 &&frente != 0) {
traseira = 0;
```

```
fila[traseira] = valor;
} else {
traseira++;
fila[traseira] = valor;
}
cout<< "Enfileirado " << valor <<endl;
}
voiddequeue() {
se (frente == -1) {
cout<< "A fila de espera está vazia" <<endl;
regresso;
}
cout<< "Desfile " << queue[front] <<endl;
fila[frente] = -1;
se (frente == traseira) {
frente = retaguarda = -1;
} else if (frente == tamanho - 1) {
frente = 0;
} else {
frente++;
}
}
voiddisplayQueue() {
se (frente == -1) {
cout<< "A fila de espera está vazia" <<endl;
regresso;
}
cout<< "Os elementos da fila são: ";
se (traseira >= dianteira) {
for (inti = frente; i<= trás; i++) { cout<< fila[i] << " ";
```

```
}
} else {
for (inti = frente; i< tamanho; i++) { cout<< fila[i] << " ";
}
for (inti = 0; i<= rear; i++) { cout<< fila[i] << " ";
}
}
cout<< endl;
}
};
int main() {
CircularQueueq(5);
q.enqueue(14);
q.enqueue(22);
q.enqueue(13);
q.enqueue(6);
q.displayQueue();
q.dequeue();
q.dequeue();
q.displayQueue();
q.enqueue(9);
q.enqueue(20);
q.enqueue(5);
q.displayQueue();
q.enqueue(25);
retorno 0;
}
```

Saída

Em fila de espera 14

Em fila de espera 22

Em fila de espera 13

Em fila de espera 6

Os elementos da fila são: 14 22 13 6

Em fila de espera 14

Em fila de espera 22

Os elementos da fila são: 13 6

Em fila de espera 9

Em fila de espera 20

Em fila de espera 5

Os elementos da fila são: 13 6 9 20 5

A fila de espera está cheia

Explicação

Classe CircularQueue

- **Membros privados**:
  - à frente e atrás: Índices que apontam para a frente e para a retaguarda da fila.
  - tamanho: Tamanho máximo da fila.
  - fila: Matriz dinâmica para armazenar os elementos da fila.
- **Métodos públicos**:
  - **Construtor**: Inicializa a fila com um determinado tamanho e define a frente e a traseira como -1 (indicando que a fila está vazia).
  - **Destruidor**: Elimina a matriz dinâmica para libertar memória.
  - **enqueue(int value)**: Adiciona um elemento ao final da fila. Lida com o encapsulamento circular e verifica se há estouro.
  - **dequeue()**: Remove um elemento da frente da fila. Lida com o encapsulamento circular e verifica se há underflow.
  - **displayQueue()**: Apresenta todos os elementos da fila, da frente para trás, tratando o agrupamento circular.

Métodos

- **enqueue(int value)**:
  - Verifica se a fila está cheia. Se estiver cheia, imprime "Queue is full" (A fila

está cheia).

- Se a fila estiver vazia, define a frente e a traseira como 0 e insere o valor.
- Se a parte de trás estiver no fim da matriz e a parte da frente não for 0, envolve-a definindo a parte de trás como 0 e insere o valor.
- Caso contrário, incrementa a retaguarda e insere o valor.

- **dequeue()**:

- Verifica se a fila está vazia. Se estiver vazia, imprime "Queue is empty" (A fila está vazia).
- Imprime o elemento retirado da fila e define a posição para -1.
- Se a frente e a retaguarda forem iguais, define ambas como -1 (a fila fica vazia).
- Se front estiver no fim da matriz, envolve-a definindo front como 0.
- Caso contrário, aumenta a frente.

- **displayQueue()**:

- Verifica se a fila está vazia. Se estiver vazia, imprime "Queue is empty" (A fila está vazia).
- Imprime os elementos da frente para trás, manipulando a embalagem circular.

Função principal

- Cria um objeto CircularQueue q com um tamanho de 5.
- Demonstra várias operações, colocando e retirando elementos da fila e apresentando o conteúdo da fila após cada operação.

O programa apresenta as operações básicas de uma fila circular, incluindo a forma como os elementos são colocados e retirados da fila, mantendo a natureza circular da fila.

PARTE V

PARA ORDENAR UMA MATRIZ DE ELEMENTOS UTILIZANDO O ALGORITMO QUICKSORT

Objetivo

Escreva um programa simples em C++ para ordenar uma matriz de elementos utilizando o algoritmo QuickSort.

Programa

```
#include <iostream>
utilizando o espaço de nomes std;
// Função para trocar dois elementos
void swap(int& a, int& b) {
int temp = a;
a = b;
b = temp;
}
// Função para efetuar o particionamento
int partition(intarr[], int low, int high) {
int pivot = arr[high]; // pivot
inti = (low - 1); // Índice do elemento mais pequeno
for (int j = baixo; j <= alto - 1; j++) {
// Se o elemento atual for menor ou igual ao pivot
se (arr[j] <= pivot) {
i++; // incrementar o índice do elemento mais pequeno
swap(arr[i], arr[j]);
}
}
swap(arr[i + 1], arr[high]);
retorno (i + 1);
}
// Função para efetuar a seleção rápida
```

```
voidquickSort(intarr[], int low, int high) {
se (baixo < alto) {
// pi é o índice de partição, arr[pi] está agora no sítio certo int pi = partition(arr,
low, high);
// Ordenar separadamente os elementos antes da partição e depois da partição
quickSort(arr, low, pi - 1);
quickSort(arr, pi + 1, high);
}
}
// Função para imprimir o array voidprintArray(intarr[], int size) { for (inti = 0;
i< size; i++) { cout<< arr[i] << " ";
}
cout<< endl;
}
int main() {
intarr[] = {10, 7, 8, 9, 1, 5};
int n = sizeof(arr) / sizeof(arr[0]); cout<< "Matriz não ordenada: ";
printArray(arr, n);
quickSort(arr, 0, n - 1);
cout<< "Matriz ordenada: "; printArray(arr, n);
retorno 0;
}
```

Saída

Matriz não ordenada: 10 7 8 9 1 5

Matriz ordenada: 1 5 7 8 9 10

Explicação

Algoritmo QuickSort

O QuickSort é um algoritmo de dividir e conquistar que funciona da seguinte forma:

1. **Escolher um pivô**: Escolha um elemento como pivô (neste exemplo, o

último elemento é escolhido como pivô).

2. **Partição**: Reorganizar a matriz de modo que todos os elementos menores que o pivô fiquem à esquerda e todos os elementos maiores que o pivô fiquem à direita.

3. **Aplicar recursivamente**: Aplicar recursivamente as etapas acima às sub-matrizes formadas pelo particionamento.

Desdobramento do programa

Função: swap(int& a, int& b)

- Troca os valores de dois números inteiros a eb.

Função: partition(intarr[], int low, int high)

- Seleciona o último elemento como pivô.
- Inicializa i para low - 1.
- Itera através da matriz de baixo para alto - 1 :

o Se um elemento for menor ou igual ao pivot, incrementa i e troca o elemento com o elemento no índice i.

- Após o ciclo, troca o elemento pivot pelo elemento no índice i + 1.
- Devolve o índice de partição i + 1.

Função: quickSort(intarr[], int low, int high)

- Ordena recursivamente as sub-matrizes: o Encontra o índice de partição pi. o Ordena recursivamente os elementos antes e depois da partição.

Função: printArray(intarr[], int size)

- Imprime os elementos da matriz.

principal()

- Define uma matriz arr[].
- Imprime a matriz não ordenada.
- Chama quickSort para ordenar a matriz.
- Imprime a matriz ordenada.

O algoritmo QuickSort ordena eficientemente a matriz particionando-a recursivamente em torno de um pivô, tornando-o um dos algoritmos de ordenação mais rápidos com uma complexidade de tempo média de O(n log n).

PARTE VI

PARA ORDENAR UM NÚMERO DE ELEMENTOS POR ORDEM CRESCENTE UTILIZANDO O HEAP SORT

Objetivo

Escreva um programa simples em C++ para ordenar um número de elementos por ordem crescente utilizando Heap Sort.

Programa

```
#include <iostream> using namespace std;
// Função para heapificar uma subárvore enraizada com o nó i que é um índice
em arr[] voidhcapify(intarr[], int n, inti) {
int maior = i; // Inicializar o maior como raiz
int left = 2 * i + 1; // left = 2*i + 1
int right = 2 * i + 2; // right = 2*i + 2
// Se o filho da esquerda for maior do que a raiz if (left < n &&arr[left]
>arr[largest]) largest = left;
// Se o filho direito for maior do que o maior até agora
se (direita < n &&arr[direita] >arr[maior]) maior = direita;
// Se o maior não for raiz if (maior != i) { swap(arr[i], arr[maior]);
// Heapifica recursivamente a sub-árvore afetada heapify(arr, n, largest);
}
}
// Função principal para fazer heap sort voidheapSort(intarr[], int n) {
// Construir heap (reorganizar o array) for (inti = n / 2 - 1; i>= 0; i--) heapify(arr,
n, i);
// Extrair um elemento da pilha, um a um, for (inti = n - 1; i>= 0; i--) {
// Move a raiz atual para o fim swap(arr[0], arr[i]);
// Chama o heapify máximo no heap reduzido heapify(arr, i, 0);
}
}
// Função utilitária para imprimir uma matriz voidprintArray(intarr[], int n) { for
```

```
(inti = 0; i< n; ++i) cout<< arr[i] << " ";
cout<< endl;
}
// Programa de driver int main() { intarr[] = {12, 11, 13, 5, 6, 7};
int n = sizeof(arr) / sizeof(arr[0]);
cout<< "Matriz não ordenada: "; printArray(arr, n);
heapSort(arr, n);
cout<< "Matriz ordenada: ";
printArray(arr, n);
retorno 0;
}
```

Saída

Matriz não ordenada: 12 11 13 5 6 7

Matriz ordenada: 5 6 7 11 12 13

Explicação

Algoritmo de ordenação de heap

O Heap Sort é um algoritmo de ordenação baseado na comparação que utiliza uma estrutura de dados heap binária. É semelhante à ordenação por seleção, em que primeiro encontramos o elemento máximo e o colocamos no fim. Repetimos o mesmo processo para os restantes elementos.

Passos:

1. **Construir um Max-Heap**: Converta o array em um max heap, onde o maior elemento está na raiz.
2. **Extrair elementos**: Um a um, extrair elementos da pilha e reduzir o tamanho da pilha. Depois de remover a raiz (o maior elemento), heapifique a pilha restante para manter a propriedade max-heap.

Desdobramento do programa

Função: heapify(intarr[], int n, inti)

- **Parâmetros**: arr[] (matriz a ordenar), n (tamanho da pilha), i (índice da raiz).

- **Procedimento**:

o Inicializar o maior como a raiz.

o Encontrar os filhos esquerdo e direito da raiz.

o Se o filho esquerdo for maior do que a raiz, atualizar o maior.

o Se o filho direito for maior do que o maior até agora, atualizar o maior.

o Se o maior não for a raiz, trocar a raiz pelo maior e heapificar recursivamente a sub-árvore afetada.

Função: heapSort(intarr[], int n)

- **Parâmetros**: arr[] (matriz a ordenar), n (dimensão da matriz).
- **Procedimento**:

o Construir uma pilha máxima chamando heapify em todos os nós não-folha, começando pelo último nó não-folha até à raiz.

o Extrair elementos um a um da pilha:

▪ Troca a raiz (maior elemento) pelo último elemento.

▪ Reduzir o tamanho da pilha em um.

▪ Heapifica a raiz para manter a propriedade heap.

Função: printArray(intarr[], int n)

- **Parâmetros**: arr[] (matriz a imprimir), n (dimensão da matriz).
- **Procedimento**:

o Percorrer a matriz e imprimir cada elemento.

Função principal

- Define uma matriz arr[].
- Imprime a matriz não ordenada.
- Chama heapSort para ordenar a matriz.
- Imprime a matriz ordenada.

O algoritmo Heap Sort ordena eficientemente a matriz construindo uma pilha máxima e extraindo repetidamente o maior elemento, o que o torna um dos algoritmos de ordenação eficientes com uma complexidade temporal de O(n log n).

PARA RESOLVER O PROBLEMA DA MOCHILA UTILIZANDO O

MÉTODO GULOSO

Objetivo

Escreva um programa simples em C++ para resolver o problema da mochila utilizando o método guloso .

Programa

```
#include <iostream>
#include <vetor>
#include <algorithm>
utilizando o espaço de nomes std;
// Estrutura para representar um item com valor, peso e valor por unidade de
peso struct Item {
valor int, peso;
rácio de flutuação;
};
// Função de comparação para ordenar os itens pelo seu valor por rácio de peso
unitário
bool compare(Item a, Item b) {
returna.ratio> b.ratio;
}
// Função para resolver o problema da mochila usando o método guloso
float knapsack(vetor<Item> items, int W) {
// Ordenar os itens pelo seu rácio de valor por unidade de peso por ordem
descendente sort(items.begin(), items.end(), compare);
floattotalValue = 0.0;
for (auto item : items) {
if (W == 0) break; // Se a mochila estiver cheia, sair do ciclo
se (item.weight<= W) {
// Se o item pode ser totalmente adicionado à mochila
W -= item.weight;
totalValue +=  item.value;
```

```
} else {
// Se o item só puder ser parcialmente adicionado à mochila
totalValue += item.value * ((float) W / item.weight);
W = 0; // A mochila está agora cheia
}
}
returntotalValue;
}
int main() {
// Lista de itens com os seus valores e pesos
vetor<Item> itens = {{60, 10}, {100, 20}, {120, 30}};
// Calcular o rácio de valor por peso unitário para cada item
for (auto& item : itens) {
item.ratio = (float) item.value / item.weight;
}
int W = 50; // Peso máximo da mochila
cout<< "Valor máximo na mochila = " << mochila(itens, W) <<endl;
retorno 0;
}
```

Saída

Valor máximo na mochila = 240

Explicação

Método guloso para o problema da mochila

O método guloso para o problema da mochila envolve a seleção de itens com base na sua relação valor/peso, com o objetivo de maximizar o valor total na mochila.

Passos:

1. **Calcular rácios**: Calcule o valor por unidade de peso para cada item.
2. **Ordenar itens**: Ordenar os itens por ordem decrescente com base no seu valor por rácio de peso unitário.

3. **Adicionar itens à mochila**:

- Comece pelo item com o rácio mais elevado.
- Acrescentar o objeto à mochila, se couber na totalidade.
- Se não couber totalmente, adicione a parte fraccionada do item que cabe no espaço restante.

4. **Repetir** até a mochila estar cheia ou todos os itens serem considerados.

Desdobramento do programa

Estrutura: Item

- **Atributos**:
  - valor: Valor do item.
  - peso: Peso do item.
  - rácio: Rácio valor/peso do item.

Função: compare(Item a, Item b)

- Função de comparação para ordenar os itens pelo rácio valor/peso por ordem descendente.

Função: knapsack(vetor<Item> items, int W)

- **Parâmetros**: itens (lista de itens), W (peso máximo da mochila).
- **Procedimento**:
  - Ordenar os artigos pela sua relação valor/peso.
  - Inicializar totalValue para armazenar o valor total na mochila.
  - Iterar através dos itens ordenados e adicioná-los à mochila, total ou parcialmente, com base na capacidade disponível.
  - Devolver o valor total na mochila.

principal()

- Define uma lista de itens com os seus valores e pesos.
- Calcula o rácio valor/peso para cada item.
- Define a capacidade máxima de peso da mochila (W).
- Chama a função de mochila e imprime o valor máximo que pode ser obtido na mochila.

O programa demonstra a abordagem gulosa para resolver o problema da mochila, mostrando como maximizar o valor total na mochila selecionando itens com base na sua relação valor/peso.

PARTE VII

PARA PROCURAR UM ELEMENTO NUMA ÁRVORE DE PESQUISA BINÁRIA (BST)

UTILIZAR UMA ESTRATÉGIA DE DIVIDIR PARA CONQUISTAR

Objetivo

Escreva um programa simples em C++ para procurar um elemento numa árvore de pesquisa binária (BST) utilizando uma estratégia de dividir e conquistar.

Programa

```
#include <iostream>
utilizando o espaço de nomes std;
// Estrutura de nós para a árvore de pesquisa binária
struct Nó {
chave int;
Nó* esquerdo, *direito;
Nó(int item) {
chave = item;
esquerda = direita = nullptr;
}
};
// Função para inserir um novo nó com uma determinada chave em BST
Nó* inserir(Nó* nó, int chave) {
se (nó == nullptr) return new Node(key);
se (chave < nó->chave)
nó->esquerda = inserir(nó->esquerda, chave);
else if (chave > nó->chave)
nó->direita = inserir(nó->direita, chave);
nó de retorno;
}
// Função para procurar uma chave em um BST usando dividir e conquistar bool
search(Node* root, int key) {
```

```
Se (raiz == nullptr) devolver falso;
se (root->key == key) return true;
se (chave < root->chave)
return search(raiz->esquerda, chave);
return search(raiz->direita, chave);
}
// Função para imprimir a travessia por ordem do BST voidinorder(Node* root)
{ if (root != nullptr) { inorder(root->left);
cout<< root->key << " ";
em ordem(raiz->direita);
}
}
int main() {
Nó* raiz = nullptr;
root = insert(root, 50);
inserir(raiz, 30);
inserir(raiz, 20);
inserir(raiz, 40);
inserir(raiz, 70);
inserir(raiz, 60);
inserir(raiz, 80);
cout<< "Percurso por ordem do BST: ";
em ordem(raiz);
cout<< endl;
int chave = 40;
se (pesquisa(raiz, chave))
cout<< chave << " está presente na BST." <<endl;
senão
cout<< chave << " não está presente na BST." <<endl;
chave = 25;
```

```
se (pesquisa(raiz, chave))
cout<< chave << " está presente na BST." <<endl;
senão
cout<< chave << " não está presente na BST." <<endl;
retorno 0;
}
```

Saída

Percurso por ordem da BST: 20 30 40 50 60 70 80

40 está presente na BST.

25 não está presente na BST.

Explicação

Árvore de Pesquisa Binária (BST)

Uma árvore de pesquisa binária é uma árvore binária em que cada nó tem no máximo dois filhos e para cada nó:

- Todos os nós da sua subárvore esquerda têm chaves inferiores à sua própria chave.
- Todos os nós da sua subárvore direita têm chaves superiores à sua própria chave.

Estratégia de divisão e conquista

A estratégia de dividir e conquistar envolve a divisão de um problema em subproblemas mais pequenos, a resolução de cada subproblema individualmente e a combinação das soluções. No contexto da pesquisa de um elemento numa BST, a operação de pesquisa é dividida em subproblemas de pesquisa na subárvore esquerda ou direita com base na comparação da chave com a chave do nó atual.

Desdobramento do programa

Estrutura: Nó

- Representa um nó na BST.
- **Atributos**:
  - chave: O valor do nó.

- esquerda: Ponteiro para o filho esquerdo.
- direito: Ponteiro para o filho direito.

Função: insert(Node node, int key)*

- Insere um novo nó com a chave indicada na BST.
- Se a BST estiver vazia, cria um novo nó e devolve-o.
- Insere recursivamente a chave na subárvore esquerda ou direita com base na comparação com a chave do nó atual.

Função: search(Nó raiz, int chave)*

- Procura uma chave no BST utilizando a estratégia de dividir e conquistar.
- Se a raiz for nullptr, a chave não está presente.
- Se a chave for igual à chave da raiz, devolve verdadeiro.
- Se a chave for inferior à chave da raiz, procura na subárvore esquerda.
- Se a chave for maior do que a chave da raiz, procura na subárvore direita.

Função: inorder(Nó raiz)*

- Imprime as chaves da BST por ordem ordenada utilizando a passagem por ordem (esquerda, raiz, direita).

Função principal

- Cria uma BST e insere várias chaves na mesma.
- Imprime a travessia por ordem da BST.
- Procura chaves específicas na BST e imprime se estão presentes ou não.

O programa demonstra como procurar um elemento numa BST utilizando uma estratégia de dividir e conquistar, aproveitando as propriedades da BST para reduzir eficazmente o espaço de pesquisa.

PARTE VIII

COLOCAR 8 RAINHAS NUMA MATRIZ 8X8 DE MODO A QUE NÃO HAJA DUAS RAINHAS A ATACAREM-SE MUTUAMENTE

Objetivo

Escreva um programa simples em C++ para colocar 8 rainhas numa matriz 8x8 de modo a que não haja duas rainhas a atacarem-se mutuamente.

Programa

```
#include <iostream>
#include <vetor> using namespace std;
// Função para imprimir o quadro
voidprintBoard(vetor<vetor<int>>& board) {
for (inti = 0; i< 8; i++) {
for (int j = 0; j < 8; j++) {
cout<< (quadro[i][j] ? "Q " : ". ");
}
cout<< endl;
}
cout<< endl;
}
// Função para verificar se uma rainha pode ser colocada no tabuleiro[linha][col]
boolisSafe(vetor<vetor<int>>& tabuleiro, int linha, int col) {
// Verificar esta linha no lado esquerdo
for (inti = 0; i< col; i++)
se (quadro[linha][i])
devolver falso;
// Verificar a diagonal superior do lado esquerdo
for (inti = row, j = col; i>= 0 && j >= 0; i--, j--)
se (quadro[i][j]) devolver falso;
// Verificar a diagonal inferior do lado esquerdo
for (inti = row, j = col; i< 8 && j >= 0; i++, j--) if (board[i][j])
```

```
devolver falso;
retornar verdadeiro;
}
// Função recursiva para resolver o problema das 8 rainhas
boolsolveNQueens(vetor<vetor<int>>& board, int col) {
// Se todas as rainhas estiverem colocadas, devolve true
se (col >= 8) return true;
// Considera esta coluna e tenta colocar esta rainha em todas as linhas, uma a
uma for (inti = 0; i< 8; i++) {
se (isSafe(board, i, col)) {
// Coloca esta rainha no tabuleiro[i][col] tabuleiro[i][col] = 1;
// Recorremos para colocar o resto das rainhas
Se (solveNQueens(board, col + 1)) devolver verdadeiro;
// Se colocar a rainha no tabuleiro[i][col] não leva a uma solução, remove a
rainha
quadro[i][col] = 0;
}
}
// Se a rainha não puder ser colocada em nenhuma linha desta coluna, devolver
false
return false; } // Função principal para resolver o problema das 8 rainhas int
main() {
vetor<vetor<int>> board(8, vetor<int>(8, 0));
se (solveNQueens(tabuleiro, 0)) { printBoard(tabuleiro);
} else {
cout<< "A solução não existe" <<endl;
return 0; }
```

Saída

```
Q
    Q . . .
```

```
Q
Q . .
. . Q
Q .
. Q
. . . Q
```

(Nota: O resultado pode variar, uma vez que existem várias soluções para o problema das 8 damas).

Explicação

Problema das 8 rainhas

O problema das 8 rainhas é um problema clássico de combinatória em que o objetivo é colocar 8 rainhas num tabuleiro de xadrez 8x8, de modo a que nenhuma rainha se possa atacar mutuamente. Isto significa que não pode haver duas rainhas na mesma linha, coluna ou diagonal.

Abordagem

A abordagem utiliza o backtracking para encontrar a solução:

1. **Função Recursiva**: Utiliza uma função recursiva para colocar as rainhas, uma a uma, em colunas diferentes.
2. **Verificação de segurança**: Para cada posição, verificar se a colocação de uma rainha é segura (ou seja, se nenhuma outra rainha pode atacar).
3. **Retrocesso**: Se colocar uma rainha numa posição conduzir a uma solução, devolver verdadeiro. Se não, remove a rainha (retrocede) e tenta a posição seguinte.

Desdobramento do programa

Função: printBoard

- **Parâmetros**: quadro (a matriz 8x8).
- **Procedimento**:
  - Percorre o tabuleiro e imprime 'Q' quando uma rainha é colocada e '.' caso contrário.

Função: isSafe

- **Parâmetros**: board (a matriz 8x8), row (o índice da linha), col (o índice da coluna).
- **Procedimento**:
  - Verificar a linha atual no lado esquerdo.
  - Verificar a diagonal superior do lado esquerdo.
  - Verificar a diagonal inferior do lado esquerdo.
  - Se nenhuma rainha puder atacar a posição, devolve verdadeiro.

Função: solveNQueens

- **Parâmetros**: board (a matriz 8x8), col (a coluna atual).
- **Procedimento**:
  - Se todas as rainhas estiverem colocadas (col >= 8), devolve true.
  - Tente colocar uma rainha em todas as linhas, uma a uma, para a coluna atual.
  - Para cada fila, verificar se é seguro colocar uma rainha.
  - Se for seguro, colocar a rainha e resolver recursivamente para a coluna seguinte.
  - Se a colocação da rainha não conduzir a uma solução, retirar a rainha (voltar atrás).
  - Se a rainha não puder ser colocada em nenhuma linha da coluna atual, devolver false.

Função principal

- Cria uma matriz 8x8 inicializada em 0.
- Chamar solveNQueens para colocar rainhas no tabuleiro.
- Imprime a solução se esta existir, caso contrário imprime "A solução não existe".

O programa demonstra a abordagem de retrocesso para resolver o problema das 8 rainhas, garantindo que não há duas rainhas a atacarem-se mutuamente, verificando recursivamente todas as colocações possíveis.

PARTE IX

PARA DEMONSTRAR A UTILIZAÇÃO DE FUNÇÕES VIRTUAIS

Objetivo

Escreva um programa simples em C++ para demonstrar a utilização de funções virtuais.

Programa

```
#include <iostream>
utilizando o espaço de nomes std;
// Classe de base
classe Base {
público:
virtual void show() {
cout<< "Função de apresentação da classe base chamada." <<endl;
}
void display() {
cout<< "Função de visualização da classe base chamada." <<endl;
}
};
// Classe derivada
class Derived : public Base {
público:
void show() override {
cout<< "A classe derivada mostra a função chamada." <<endl;
}
void display() {
cout<< "Função de exibição de classe derivada chamada." <<endl;
}
};
int main() {
Base* basePtr;
```

Derivado derivedObj;

basePtr = &derivedObj;

// Chamar a função virtual

basePtr->show(); // Chama a classe derivada show() por causa da função virtual

// Chamar uma função não virtual

basePtr->display(); // Chama a classe base display() porque ela não é virtual

retorno 0;

}

Saída

Chamada da função show da classe derivada.

Chamada da função de visualização da classe base.

Explicação

Funções virtuais

As funções virtuais em C++ são funções de membro na classe de base que podem ser substituídas em classes derivadas. Permitem o polimorfismo, que permite chamar funções de classes derivadas através de um ponteiro/referência da classe de base.

Pontos-chave

1. **Função virtual da classe base**: A função show na classe base é declarada como virtual. Isto significa que a função pode ser substituída em qualquer classe derivada.
2. **Sobreposição**: A classe Derived substitui a função show.
3. **Ponteiro para a classe de base**: Um ponteiro de classe base (basePtr) é utilizado para apontar para um objeto da classe derivada (derivedObj).

Desdobramento do programa

Classe: Base

- **Funções dos membros**:
  - virtual void show(): Declarado como virtual para permitir a substituição na classe derivada.
  - void display(): Uma função normal, não virtual.

Classe: Derivado

- Herança de Base.
- **Funções dos membros**:

  - void show() override: Substitui a função show da classe de base.
  - void display(): Uma função normal, não virtual, com o mesmo nome que na classe de base.

Função principal

- Um ponteiro de classe base (basePtr) é utilizado para apontar para um objeto de classe derivada (derivedObj).
- Quando basePtr->show() é chamado, ele chama a função show substituída na classe Derivada porque show é declarado como virtual na classe Base.
- Quando basePtr->display() é chamado, ele chama a função display na classe Base porque display não é virtual.

Demonstração de polimorfismo

- O mecanismo de função virtual permite que basePtr->show() chame a função show na classe derivada, demonstrando polimorfismo em tempo de execução.
- A chamada da função não-virtual basePtr->display() chama a função da classe base, demonstrando que sem virtual, a função chamada é determinada pelo tipo do ponteiro.

Este programa demonstra o conceito de funções virtuais em C++, mostrando como elas permitem um comportamento polimórfico, permitindo que a função da classe derivada seja chamada através de um ponteiro da classe base.

PARTE X

PARA DEMONSTRAR O USO DE CONSTRUTORES PARAMETRIZADOS

Objetivo

Escreva um programa simples em C++ para demonstrar a utilização de construtores parametrizados.

Programa

```
#include <iostream> using namespace std;
// Classe com construtor parametrizado
classe Caixa {
privado:
comprimento duplo;
largura dupla;
altura dupla;
público:
// Construtor parametrizado
Box(double l, double w, double h) {
cout<< "Construtor parametrizado chamado." <<endl;
comprimento = l;
largura = w;
altura = h;
}
// Função para calcular o volume da caixa
double volume() {
devolve comprimento * largura * altura;
}
};
int main() {
// Criar um objeto de Box utilizando o construtor parametrizado Box box1(10.0,
5.0, 3.0);
```

```
// Calcular e imprimir o volume da caixa
cout<< "Volume da caixa 1: " << box1.volume() <<endl;
retorno 0;
}
```

Saída

Chamada do construtor parametrizado.

Volume da caixa 1: 150

Explicação

Construtor Parametrizado

Um construtor parametrizado é um construtor com parâmetros que permite inicializar objectos com valores específicos quando estes são criados. Em C++, os parâmetros de um construtor são especificados na declaração do construtor e são utilizados para inicializar os membros de dados do objeto.

Desdobramento do programa

Classe: Caixa

- **Dados dos membros**:
  - comprimento, largura, altura: Dimensões da caixa.
- **Construtor**:
  - Box(double l, double w, double h): Construtor parametrizado que recebe três parâmetros (l, w, h) para inicializar as dimensões da caixa (comprimento, largura, altura).
- **Função de membro**:
  - double volume(): Calcula e devolve o volume da caixa (comprimento * largura * altura).

função main()

- Cria um objeto boxi da classe Box usando o construtor parametrizado com valores 10.0, 5.0 e 3.0 para comprimento, largura e altura, respetivamente.
- Chama a função volume() à caixai para calcular e imprimir o volume da caixa.

Pontos-chave

- **Inicialização**: Os construtores parametrizados permitem que os objectos sejam inicializados com valores específicos no momento da criação.
- **Utilização**: São úteis quando diferentes objectos precisam de ser inicializados com diferentes valores iniciais.
- **Sintaxe**: Os parâmetros do construtor são declarados na declaração do construtor e podem ser utilizados para inicializar os membros de dados da classe.

Este programa demonstra como definir e utilizar um construtor parametrizado em C++ para inicializar os membros de dados de um objeto quando este é criado.

PARTE XI

PARA DEMONSTRAR A UTILIZAÇÃO DE FUNÇÕES DE AMIGO

Objetivo

Escreva um programa simples em C++ para demonstrar a utilização de funções de amigo.

Programa

```
#include <iostream> using namespace std;
// Declaração prévia da classe B classe B;
// Classe A com função de amigo
classe A {
privado:
intnumA;
público:
A() : numA(12) {}
// Declaração de função de amigo
friendint add(A, B);
};
// Classe B
classe B {
privado:
intnumB;
público:
B() : numB(3) {}
// Declaração de função de amigo
friendint add(A, B);
};
// Definição de função de amigo
int add(A objA, B objB) { returnobjA.numA + objB.numB;
}
int main() {
```

```
AobjA;
B objB;
cout<< "Soma: " << add(objA, objB) <<endl;
retorno 0;
}
```

Saída

Soma: 15

Explicação

Funções de amigo

Em C++, uma função amiga de uma classe é uma função que não é um membro da classe mas tem acesso aos seus membros privados e protegidos. Este acesso é concedido ao declarar a função como amiga dentro da definição da classe.

Desdobramento do programa

Classes: A e B

- **Classe A**:
  - Contém um membro de dados privado numA.
  - Declara um construtor parametrizado para inicializar numA para 12.
  - Declara a função add como uma função amiga.
- **Classe B**:
  - Contém um membro de dados privado numB.
  - Declara um construtor parametrizado para inicializar numB para 3.
  - Declara a função add como uma função amiga.

Função de amigo: adicionar

- **Definição**: Definido fora de ambas as classes (A e B).
- **Parâmetros**: Recebe objectos das classes A e B como argumentos.
- **Acesso**: Tem acesso aos membros privados numA de A e numB de B devido à palavra-chave friend.

função main()

- **Objetos**: Cria objectos objA da classe A e objB da classe B.
- **Chamada de função**: Chama a função add, passando objA e objB como

argumentos.

- **Saída**: Imprime a soma de numA e numB, que é 15.

Pontos-chave

- **Função de amigo**: Pode aceder a membros privados e protegidos de uma classe da qual é declarada como amiga.
- **Utilização**: Útil quando uma função precisa de aceder a membros privados de várias classes sem a necessidade de funções de acesso.
- **Declaração**: Declarado dentro da classe usando a palavra-chave friend, mas definido fora da classe.

Este programa demonstra como declarar e definir uma função amiga em C++, permitindo-lhe aceder a membros privados de várias classes, aumentando a flexibilidade e o encapsulamento na conceção de classes C++.

Com certeza! Vamos criar um programa simples em C++ que demonstra a utilização de uma função de amigo para aceder a membros privados de uma classe.

```
#include <iostream> using namespace std;
// Declaração prévia da classe B classe B;
// Classe A com membros de dados privados
classe A {
privado:
intnumA;
público:
A() : numA(10) {}
// Declare a função amiga que irá aceder a numA e numB friend void
printSum(A, B);
};
// Classe B com membros de dados privados
classe B {
privado:
intnumB;
```

```
público:
B() : numB(5) {}
// Declare a função amiga que irá aceder a numA e numB
friend void printSum(A, B);
};
// Definição de função de amigo
voidprintSum(A objA, B objB) {
cout<< "Soma de numA e numB: " << (objA.numA +  objB.numB) <<endl;
}
int main() {
AobjA;
B objB;
// Chamar função de amigo usando objectos de A e B
printSum(objA, objB);
retorno 0;
}
```

Saída

Soma de numA e numB: 15

Explicação

Classes A e B

- A eB são duas classes distintas, cada uma contendo um membro de dados privado (numA em A e numB em B).

Friend Function printSum

- A função printSum é declarada como amiga de ambas as classes A e B. Esta declaração é efectuada dentro de ambas as classes utilizando a palavra-chave friend.

Função principal

- Na função principal, são criados os objectos objA e objB das classes A e B, respetivamente.

Chamada de função de amigo

- A função printSum é chamada em main utilizando objA e objB como argumentos. Esta função tem acesso aos membros privados numA de A e numB de B devido à declaração friend.

Saída

- O resultado do programa será Soma de numA e numB: 15, que é o resultado da adição dos valores de numA (10) e numB (5).

Pontos-chave

- **Função amiga**: Permite que funções ou classes externas acedam a membros privados e protegidos de uma classe.
- **Declaração**: Declarado dentro da classe usando a palavra-chave friend, mas definido fora da classe.
- **Utilização**: Útil quando é necessário permitir o acesso de funções ou classes específicas a membros privados sem tornar esses membros públicos.

Este programa demonstra como utilizar uma função de amigo em C++ para aceder a membros privados de diferentes classes, facilitando o acesso controlado aos elementos internos da classe, mantendo os princípios de encapsulamento e ocultação de dados.

Com certeza! A sobrecarga de funções em C++ permite que várias funções com o mesmo nome, mas com parâmetros ou tipos de retorno diferentes, sejam definidas no mesmo âmbito. Vamos criar um programa simples para demonstrar a sobrecarga de funções:

```
#include <iostream>
utilizando o espaço de nomes std;
// Função para calcular a área de um quadrado int area(int side) { return side *
side;
// Função para calcular a área de um retângulo int area(int length, int width) {
return length * width;
} // Função para calcular o volume de uma caixa int area(int length, int width,
int height) { return length * width * height;
}
```

```
int main() {
int lado = 5;
int comprimento = 4, largura = 6;
int altura = 3;
// Calcular e imprimir a área de um quadrado
cout<< "Área do quadrado com lado " << lado << ": " << área(lado) <<endl;
// Calcular e imprimir a área de um retângulo
cout<< "Área do retângulo com comprimento " << comprimento << " e largura "
<< largura << ": " << área(comprimento, largura) <<endl;
// Calcular e imprimir o volume de uma caixa
cout<< "Volume da caixa com comprimento " << comprimento << ", largura "
<< largura << " e altura " << altura << ": " << área(comprimento, largura,
altura) <<endl;
return 0; }
```

Saída

Área do quadrado com lado 5: 25

Área do retângulo com comprimento 4 e largura 6: 24

Volume da caixa com comprimento 4, largura 6 e altura 3: 72

Explicação

Funções

- **area(int side)**: Calcula a área de um quadrado dado o comprimento do seu lado.
- **area(int comprimento, int largura)**: Calcula a área de um retângulo dado o seu comprimento e largura.
- **area(int comprimento, int largura, int altura)**: Calcula o volume de uma caixa dado seu comprimento, largura e altura.

função main()

- **As variáveis**: lado, comprimento, largura e altura são inicializadas com valores.
- **Chamadas de função**:

- o area(side): Calcula a área de um quadrado com lado 5.
- o area(comprimento, largura): Calcula a área de um retângulo com comprimento 4 e largura 6.
- o area(comprimento, largura, altura): Calcula o volume de uma caixa com comprimento 4, largura 6 e altura 3.

Saída

- O programa imprime as áreas e o volume calculados utilizando a sobrecarga de funções, demonstrando como podem ser utilizadas várias funções com o mesmo nome mas com parâmetros diferentes, com base nos argumentos passados.

Pontos-chave

- **Sobrecarga de funções**: Permite múltiplas funções com o mesmo nome, mas com diferentes parâmetros ou tipos de retorno.
- **Assinatura**: As funções devem diferir na sua lista de parâmetros (número ou tipos de parâmetros) ou no tipo de retorno para que a sobrecarga funcione.
- **Utilização**: Útil para criar funções que efectuam operações semelhantes em diferentes tipos ou números de dados.

Este programa demonstra o conceito de sobrecarga de funções em C++, mostrando como pode ser utilizado para definir várias funções com o mesmo nome mas com listas de parâmetros diferentes para efetuar cálculos diferentes com base nos argumentos passados.

A herança simples em C++ envolve a herança de caraterísticas (métodos e atributos) de uma classe base para uma classe derivada. Vamos criar um programa simples para demonstrar a herança simples:

```
#include <iostream>
utilizando o espaço de nomes std;
// Classe de base
classe Animal {
público:
void eat() {
```

```
cout<< "O animal come comida." <<endl;
} void sleep() { cout<< "O animal dorme." <<endl;
}
};
// Classe derivada que herda de Animal
classe Cão : público Animal {
público:
void bark() {
cout<< "O cão ladra." <<endl;
}
};
int main() {
// Criar objeto da classe derivada Cão
Cão cão;
// Chamar funções herdadas da classe base Animal dog.eat(); // Herdado de
Animal
dog.sleep(); // Herdado de Animal
// Chamar a função da classe derivada Dog dog.bark();
retorno 0;
}
```

Saída

O animal come comida.

Os animais dormem.

O cão ladra.

Explicação

Classes

- **Classe Animal**: Classe base que contém os comportamentos comuns (comer e dormir) dos animais.
- **Classe Dog**: Classe derivada que herda de Animal. Adiciona um comportamento específico (ladrar) de um cão.

Herança única

- **Sintaxe**: class Dog : public Animal. Aqui, Dog é derivado de Animal.
- **Especificador de acesso**: public especifica que os membros públicos e protegidos de Animal se tornam membros públicos de Cão.

função main()

- **Criação de objeto**: Cão cão; cria um objeto cão da classe Cão.
- **Chamadas de função**:
  - dog.eat(): Chama a função eat() herdada de Animal.
  - dog.sleep(): Chama a função sleep() herdada de Animal.
  - dog.bark(): Chama a função bark() definida em Dog.

Saída

- Demonstra a funcionalidade da herança simples, em que o Cão herda os comportamentos (comer e dormir) do Animal e acrescenta o seu próprio comportamento (ladrar).

Pontos-chave

- **Herança única**: Permite que uma classe derivada herde caraterísticas de uma única classe base.
- **Funções herdadas**: A classe derivada (Cão) pode aceder e utilizar funções (comer e dormir) da classe base (Animal).
- **Reutilização de código**: Promove a reutilização de código e o agrupamento lógico de classes com base no seu comportamento.

Este programa ilustra o conceito de herança única em C++, mostrando como uma classe derivada herda atributos e comportamentos de uma classe base, melhorando a organização e a reutilização do código.

PARTE XII

PARA ARMAZENAR E RECUPERAR DADOS DOS EMPREGADOS UTILIZANDO O TRATAMENTO DE FICHEIROS

Objetivo

Escreva um programa simples em C++ para armazenar e recuperar os dados dos empregados utilizando o tratamento de ficheiros.

Programa

```
#include <iostream>
#include <fstream>
utilizando o espaço de nomes std;
// Estrutura para guardar os dados dos empregados
struct Empregado {
int id;
char name[50];
salário flutuante;
};
// Função para escrever os dados dos empregados num ficheiro
voidwriteToFile() {
ofstreamoutFile("employee.dat", ios::binary | ios::app);
se (!outFile) {
cout<< "Erro ao abrir o ficheiro para escrita!" <<endl;
regresso;
}
Empregado emp;
cout<< "Introduza o ID do empregado: ";
cin>> emp.id;
cout<< "Introduzir o nome do empregado: ";
cin.ignore(); // Limpar a memória intermédia de entrada
cin.getline(emp.name, 50);
cout<< "Introduzir o salário do empregado: ";
```

```
cin>> emp.salary;
outFile.write(reinterpret_cast<char*>(&emp), sizeof(emp)); outFile.close();
cout<< "Detalhes do empregado escritos no ficheiro." <<endl;
}
// Função para ler e visualizar os dados dos empregados a partir de um ficheiro
voidreadFromFile() {
ifstreaminFile("employee.dat", ios::binary);
se (!inFile) {
cout<< "Erro ao abrir o ficheiro para leitura!" <<endl;
regresso;
}
Empregado emp;
cout<< "\nDetalhes do trabalhador:" <<endl;
while (inFile.read(reinterpret_cast<char*>(&emp), sizeof(emp))) {
cout<< "ID do empregado: " << emp.id <<endl;
cout<< "Nome do empregado: " << emp.name <<endl;
cout<< "Salário do empregado: " <<emp.salary<< endl;
cout<< "        " <<endl;
}
inFile.close();
}
int main() {
int escolha;
do {
cout<< "\n1. Escrever os dados do empregado" <<endl;
cout<< "2. Ler os dados do empregado" <<endl;
cout<< "3. Sair" <<endl;
cout<< "Introduza a sua escolha: ";
cin>> escolha;
switch (escolha) {
```

```
caso 1:
writeToFile();
pausa;
caso 2:
readFromFile();
pausa;
caso 3:
cout<< "A sair do programa." <<endl;
pausa;
por defeito:
cout<< "Escolha inválida! Por favor, tente novamente." <<endl;
}
} while (escolha != 3);
retorno 0;
}
```

Saída

1. Escrever os dados do empregado
2. Ler detalhes do empregado
3. Sair

Introduza a sua escolha: 1

Introduzir ID do empregado: 101

Introduzir o nome do empregado: John Doe Entrar Salário do empregado: 55000

Detalhes do empregado escritos no ficheiro.

1. Escrever os dados do empregado
2. Ler detalhes do empregado
3. Sair

Introduza a sua escolha: 2

Detalhes do empregado:

ID do empregado: 101

Nome do empregado: John Doe

Empregado Salário: 55000

Explicação

Estrutura do programa

1. **Estrutura do empregado**: Define uma estrutura de empregado para manter os detalhes do empregado como id, nome e salário.
2. **writeToFile Função**: Grava os detalhes do empregado em um arquivo binário (employee.dat).
3. **readFromFile Função**: Lê e exibe os detalhes do empregado a partir do ficheiro binário (employee.dat).
4. **Função principal**: Fornece um menu para o utilizador escrever ou ler os dados do empregado, ou sair do programa.

Tratamento de ficheiros

- **ofstream**: Utilizado para escrever em ficheiros.
- **ifstream**: Utilizado para leitura de ficheiros.
- **Modo binário (ios::binary)**: Utilizado para garantir que os dados são lidos e escritos em formato binário.
- **Modo de anexação (ios::app)**: Utilizado para acrescentar dados ao fim do ficheiro.

Passos para executar o programa

1. **Escrever os dados do empregado**:
   - O utilizador seleciona a opção 1.
   - É pedido ao utilizador que introduza o ID do empregado, o nome do empregado e o salário do empregado.
   - Estes detalhes são escritos no ficheiro employee.dat.
2. **Ler detalhes do empregado**:
   - O utilizador seleciona a opção 2.
   - O programa lê e apresenta todos os detalhes dos empregados a partir do ficheiro employee.dat.
3. **Sair**:
   - O utilizador seleciona a opção 3 para sair do programa.

Pontos-chave

- **Manuseamento de ficheiros**: Demonstra a leitura e escrita de dados binários num ficheiro.
- **Persistência de dados**: Os dados dos empregados são guardados num ficheiro e podem ser recuperados mais tarde, garantindo a persistência dos dados para além do tempo de vida do programa.
- **Programa orientado por menus**: Fornece uma interface simples para a interação do utilizador.

Este programa demonstra como utilizar o tratamento de ficheiros em C++ para armazenar e recuperar detalhes de empregados, ilustrando conceitos básicos de leitura e escrita de ficheiros binários.

Referências

Segue-se uma lista de possíveis referências para cada tópico:

1. **Problema da Torre de Hanói usando recursão**

○ Y. Liang, *Introduction to Programming with C++*, 3ª ed., Pearson, 2020, pp. 250-252.

2. **Métodos de travessia da árvore de pesquisa binária (BST): Por ordem, pré-ordem e pós-ordem**

○ M. Weiss, *Data Structures and Algorithm Analysis in C++*, 4ª ed., Pearson, 2013, pp. 129-135.

3. **Operações de pilha usando lista ligada**

○ E. Horowitz, S. Sahni e S. Anderson-Freed, *Fundamentals of Data Structures in C++,* 2ª ed., Silicon Press, 2007, pp. 88-95.

4. **Algoritmo Quicksort**

○ R. Sedgewick e K. Wayne, *Algorithms*, 4ª ed., Addison- Wesley, 2011, pp. 289-296.

5. **Ordenação em pilha**

○ T. Cormen, C. Leiserson, R. Rivest, and C. Stein, *Introduction to Algorithms*, 3rd ed., MIT Press, 2009, pp. 151-153.

6. **Problema da mochila usando o método guloso**

○ J. Kleinberg e E. Tardos, *Algorithm Design*, Pearson, 2005, pp. 128-132.

7. **Pesquisa em Árvore de Pesquisa Binária (BST) utilizando Dividir e Conquistar**

○ M. Weiss, *Data Structures and Algorithm Analysis in C++*, 4ª ed., Pearson, 2013, pp. 145-147.

8. **8 Queens Problem**

○ S. Skiena, *The Algorithm Design Manual*, 2ª ed., Springer, 2008, pp. 53-55.

9. **Funções virtuais em C++**

○ B. Stroustrup, *The C++ Programming Language*, 4.ª ed., Addison-Wesley, 2013, pp. 325-327.

10. **Construtores Parametrizados**

- H. Schildt, *C++: The Complete Reference*, 4ª ed., McGraw-Hill, 2003, pp. 290-292.

11. **Funções de amigo em C++**

- B. Stroustrup, *The C++ Programming Language*, 4ª ed., Addison-Wesley, 2013, pp. 295-297.

12. **Manipulação de ficheiros em C++**

- S. Prata, *C++ Primer Plus*, 6ª ed., Addison-Wesley, 2012, pp. 721-730.

MIX
Papier aus verantwortungsvollen Quellen
Paper from responsible sources
FSC® C105338

Printed by Books on Demand GmbH, Norderstedt / Germany